Adauto Beckhauser

Auto da Imigração Alemã

Adauto Beckhauser

Auto da Imigração Alemã

Protokoll der Deutschen Einwanderung / Obra em Português e Alemão

JustFiction Edition

Imprint

Cover image: www.ingimage.com

Publisher:
JustFiction! Edition
is a trademark of
International Book Market Service Ltd., member of OmniScriptum Publishing Group
17 Meldrum Street, Beau Bassin 71504, Mauritius

Printed at: see last page
ISBN: 978-613-9-42506-8

Este livro é dedicado a todos os imigrantes alemães, que um dia acreditaram no Brasil, como sendo um lugar tranquilo para suas famílias viverem.

DADOS BIOGRÁFICOS DO AUTOR

Nome: Adauto Beckhäuser
Data Nascimento: 29 de julho de 1944
Filiação: Gabriel Carlos Beckhäuser e Maria Vieira Beckhäuser
Naturalidade: Tubarão-SC
Nacionalidade: Brasileiro
Profissão: Advogado militante desde 1975.

Funções exercidas:

- Professor Adjunto IV aposentado pela Universidade Federal de Santa Catarina.
- Professor Universitário do Curso de Pedagogia de Joinville, na Associação Catarinense de Ensino.
- Professor Universitário da UNISUL.
- Diretor de Escola Secundária da Rede Estadual.
- Professor da rede estadual e particular de Ensino Médio.
- Atualmente presta Assessoria Jurídica para grandes Empresas da Capital e de todo o Estado de Santa Catarina, desde o ano de 1975 até a presente data. Atuante nos Tribunais de 1º e 2º grau, na esfera Federal e Estadual.
- Presidente da AFABE – Associação da Família Beckhäuser no Brasil (2001 até a presente data)
- Presidente da Academia de Letras de Biguaçu (Triênio 2010 – 2013)
- Membro efetivo do Instituto dos Advogados de Santa Catarina.

Formação – Graduação Superior:
- Filosofia pela UFSC, Florianópolis-SC
- Pedagogia pela FUMBA, Bagé-RS
- Direito pela UFSC, Florianópolis-SC

Pós-Graduação - Especialização:
- Mestrado em Direito Tributário pela Universidade Federal de Santa Catarina.
- Tecnologia Educacional pela Universidade Federal de Santa Catarina.
- Cours de Langue Française Heures – Universite Catholique de Belgique – Institut des Langue Vivante – Belgique (Bélgica).

Curso CAPES:
- Português, registro de professor de 1º e 2º grau.
- Desenho, registro de professor de 1º e 2º grau.

Doutorado:
- Doutorando "Doctorat spécial em Droit, Faculté de Droit – Université Catholique de Louvain-la- Neuve – Belgique".
- Doutorando em Direito pela Universidade do Museu de Buenos Aires - Argentina, em convênio com a UNISUL.

Trabalhos realizados:
- Dissertação de Mestrado: Sistema Jurídico Estatutário X Consolidação das Leis do Trabalho.
- Tese: Le Regime Juridique de Funcionaire Publique Bresilien e Belgique (Etude Comparative du Statut Juridique du Fonctionnaire Public Dans le Droit Bresilien et Dans le Droit Belge.
- Tese: A Prova no Direito Civil Brasileiro.
- Publicação Livro: História da Família Beckhäuser no Brasil.
- Publicação Livro: Sonho, Sonhado e Realizado. (Em português e Alemão).
- 1862, A Saga da Família Beckhäuser no Brasil, desde a vida de Johann Karl Beckhäuser. (Lançamento previsto para o mês de setembro).
- O Auto da Imigração Alemã - PROTOKOLL DER DEUTSCHEN EINWANDERUNG (Em português e Alemão). Lançamento previsto para o mês de setembro.

- **Músico**

- **Escritor**

- **Poeta**

Sumário

AUTO DA IMIGRAÇÃO ALEMÃ 23

O SONHO A VAGAR 23
PROTOKOLL DER DEUTSCHEN EINWANDERUNG 24

PRAÇA DE BIRKENFELD 25
BIRKENFELDS PLATZ 27

SILÊNCIO DA NOITE 29
DAS SCHWEIGEN DER NACHT 31

JOHANN KARL BECKHAUSER E ADAUTO 33
JOHANN BECKHAUSER UND ADAUTO 35

ENIGMA DO FREI ALBERTO 37
DAS RÄTSEL DES BRUDERS ALBERTOS 38

DA SINFONIA DO SILÊNCIO 39
DIE SYMPHONIE DES SCHWEIGENS 40

PROFISSÃO 41
BERUF 42

A BUSCA DO TESOURO PERDIDO 43
DIE SUCHE NACH DEM VERLORENEN SCHATZ 44

A VIDA DAS FAMÍLIAS 45
DAS LEBEN DER FAMILIEN 46

SALTO DO RIO SETE 47
WASSERFALL DES RIO SETE 50

SÃO MARTINHO 53
SÃO MARTINHO 54

1892 COLONOS SAQUEADOS 55
1892 AUSGEPLÜNDERTE SIEDLER *56*

BENS ADQUIRIDOS PELO SUOR 57
DURCH SCHWEβ - ERWORBENE GÜTER *59*

NO RIO CAPIVARI 61
AM FLUSS CAPIVARI *62*

BRAÇO DO NORTE 63
BRAÇO DO NOTE *65*

O LAMENTO DO FORTE DO ANHATOMIRIM 67
DIE KLAGE DES ANHATOMIRIM FORTS *69*

O JARDIM DA PRAÇA QUINZE 71
DER GARTEN DES PLATZES XV. NOVEMBER *72*

AGRADECIMENTOS

A minha esposa Dulcinéia Francisca Beckhäuser, e as minhas filhas Annelize Beckhäuser Mallon e seu esposo Fernando Mallon e suas duas filhas Luiza e Fernanda. E a Lizeanne Beckhäuser e sua filha Helena Beckhäuser Ubaldo e Gabrielle Beckhäuser e a Dulcianne Beckhäuser Borchadt e seu esposo Leonardo Borchardt pelo apoio e dizer que simplesmente os amo.

Aos meus confrades e confreiras da Academia de Letras de Biguaçu, pelo incentivo na elaboração desta obra.

Aos meus familiares Beckhäuser's pelo incentivo por este trabalho.

Família Beckhäuser e toda a Diretoria da Associação da Família Beckhäuser no Brasil que este trabalho é homenagem aos 150 anos da chegada de Johann Karl Beckhäuser e Elizabeth Kropp ao Brasil.

Ao Acadêmico César Pasold pelo belo trabalho da apresentação.

A Joaquim Gonçalves dos Santos, pelo belo trabalho do pós-prefácio.

À minha filha Annelize Beckhäuser Mallon, pela contribuição na elaboração da primeira orelha.

À minha filha Dulcianne Beckhäuser Borchardt, pela contribuição da elaboração da segunda orelha.

Ao amigo Evandro Thiesen pela ajuda constante junto a Associação da Família Beckhäuser.

APRESENTAÇÃO

Adauto Beckhäuser iniciou a publicidade de seus exercícios de narrativa poética ou de prosa com ritmo e estética de poesia, no estimulante livro intitulado ***Sonho, Sonhado e Realizado***, cujo sucesso evidenciou-se logo após o seu lançamento no auditório da OAB/SC, em Florianópolis, Santa Catarina , no dia 24 de julho de 2012.

Adauto, agora e aqui, prossegue nesta extraordinária senda de produção literária com o presente livro, denominado " Auto da Imigração Alemã", no qual desde a capa identifica o conteúdo como "poesias".

De fato, aqui encontramos poesias construídas com certa independência entre si, mas com um poderoso fio condutor comum que é a imigração alemã para o Brasil, ou, no idioma alemão, ***Brasilien.***

Nesta linha, o poeta em dado momento retoma a saga dos Beckhäuser, agora no poema intitulado "Johann Karl Beckhauser e Adauto", no qual a imaginação histórica extrapola a inspiração de uma estória.

Ali, sobretudo, a escolha pelo Brasil é declamada em ápice nestes doze versos, dos quais não resisto à transcrição literal e antecipada aqui:

Volto e olho por todos os lados.
Da pequena praça vejo um cartaz
De propaganda do Brasil,
Oferecendo uma serie de vantagens.

Vi na propaganda a palavra Brasil,
Moro em Birkenfeld,
E o meu sobrenome Beckhäuser
Olha três "B", Brasil, Birkenfeld, Beckhäuser.

Mera coincidência ou era o caminho

Para não haver dúvida,
De que o Brasil seria o lugar
Para meus filhos criar.

O Leitor vai verificar e ele próprio irá examinar a qualidade estética das poesias, mas nesta apresentação em que mesmo tendo o dever de ser breve, não posso deixar de antecipar mais um momento de comunicação sensível, este constante no poema "Silêncio da Noite".

Dele, transcrevo das duas estrofes:

O caminhar, por entre folhas e flores,
Que um dia o vento lá jogou,
Suavizando o navegar nas ondas do pensamento,
Para navegar na sinfonia do silencio.

Pensamentos vão, pensamentos vêm,
Neste balançar nas ondas dos pensamentos
Alguns se perdem, impulsionados pelo vento,
Outros surgindo ao longe do Nada.

O presente livro já vem pronto na dimensão bilíngüe, o português e o alemão, possibilitando aos que dominam o idioma de Goethe a percepção poética respectiva.

Para aqueles que conhecem os dois idiomas, o cotejo das versões evidencia uma tradução que alcança a perfeição, na medida em que tem como diapasão não necessariamente a literalidade, mas sim o significado ditado pela sensibilidade que, vênia pela redundância, determina quando, for o caso, a literalidade.

Destaco aqui o último verso da poesia intitulada "Da Sinfonia do Silencio", para cotejo das duas versões idiomáticas:

Este bater é mais suave do que

O bater da folha ao cair no chão,
E mais suave do que o barulho do cair
Em pensamento. E a orquestra continua.

Em alemão:

Dieses Klopfen ist sanfter als
das Geräusch des Fallens der Blätter auf den Boden.
Und sanfter als das Geräusch des Fallens
in Gedanken. Und das Orchester fährt fort.

Não há como não repetir o elogio que fiz no prefácio para o livro *Sonho, Sonhado e Realizado*: Adauto, nesta obra, evidencia mais uma vez a sabedoria da Academia de Letras de Biguaçu em tê-lo feito um de seus Acadêmicos!

Mais um belíssimo livro, Adauto! Cumprimentos!

Cesar Pasold

Das: Academia Desterrense de Letras; Academia de Letras de Palhoça; e, Academia de Letras de Biguaçu.

Rezension

Adauto Beckhäuser begann die Veröffentlichung seines Werkes erzählender Dichtung oder Prosa mit Rhythmus und Ästhetik von Dichtkunst in dem anregenden Buch mit dem Titel „Traum, der geträumt wurde und in Erfüllung gegangen ist“, das sich kurz nach seiner Veröffentlichung im Auditorium der OAB/SC in Florianópolis am 24. Juli 2012, als Erfolg erwiesen hat.

Adauto fährt hier und jetzt fort mit diesem ausgezeichneten Weg der literarischen Produktion mit dem vorliegenden Buch, genannt „Protokoll der deutschen Einwanderung“, bei dem ebenfalls der Buchumschlag den Inhalt als „Dichtung“ ausweist.

In der Tat finden wir hier Dichtungen, die mit einer gewissen Unabhängigkeit zueinander gebaut oder untereinander geschrieben, aber mit einem mächtigen roten Faden verbunden sind, der die deutsche Einwanderung nach Brasilien darstellt und aufzeigt.

In dieser Linie nimmt der Dichter zu einem bestimmten Zeitpunkt oder im gegebenen Moment die Saga der Beckhäuser wieder auf in dem Gedicht mit der Überschrift „Johann Karl Beckhäuser und Adauto“, worin die historische Vorstellung und Einbildungskraft die Inspiration eines Märchen extrapoliert.

Hier wird vor allem die Auswahl von Brasilien im Nu in diesen zwölf Versen kunstgerecht vorgetragen, bei denen ich hier der wörtlichen und vorzeitigen Wiedergabe nicht widerstehen kann:

Ich drehe mich um und schaue überall hin.
Auf dem kleinen Platz aus sah ich ein
Werbeplakat über Brasilien,
das jede Menge Vorteile anbietet.

Ich sah in der Werbung das Wort Brasilien.

Ich wohne in Birkenfeld,
und mein Nachname ist Beckhäuser.
Sieh Mal die drei „Bs“: Brasilien, Birkenfeld und Beckhäuser.

Reiner Zufall, oder war es der Weg,
um keinen Zweifel zu haben,
dass Brasilien der Ort wäre,
um meine Kinder Großzuziehen.

Der Leser wird es spüren oder merken und selbst die Ästhetische Qualität der Gedichte prüfen oder untersuchen. Aber bei dieser Rezension, wobei ich mich kurz fassen sollte, kann ich es nicht unterlassen, noch einen Moment sensibler Kommunikation vorwegzunehmen, dieser beharrlichen, im Gedicht „Das Schweigen der Nacht“:

Daraus gebe ich zwei Strophen wieder:

Das Laufen durch Blätter und Blumen,
die der Wind eines Tages dorthin geworfen hat,
besänftigt das Segeln in den Wellen des Denkens,
um in der Symphonie des Schweigens zu segeln.

Gedanken gehen, Gedanken kommen,
in diesem Schaukeln in der Wellen der Gedanken.
Einige gehen, durch den Wind angetrieben, verloren,
anderen tauchen in der Ferne aus dem Nichts auf.

Das vorliegende Buch erscheint in Kürze zweisprachig, auf Portugiesisch und auf Deutsch, womit denjenigen, die die Sprachen Goethes beherrschen, die jeweilig entsprechende poetische Wahrnehmung ermöglicht ist.

Für diejenigen, die die beiden Sprachen sprechen, zeigt der Vergleich beider Versionen eine Übersetzung, die das Ausmaß einer Perfektion erreicht, obwohl sie, wenn erlaubt, nicht notwendigerweise Wortwörtlich ist. Dies ist jedoch der Fall, wenn die Bedeutung, vorgegeben durch die Sensibilität, aufgrund der Redundanz eine Wortwörtlichkeit gestattet oder zulässt.

Ich hebe hier den letzten Vers der Poesie, betitelt „Die Symphonie des Schweigens“ , hervor als Vergleich der beiden idiomatischen Versionen:

Este bater é mais suave do que
O bater da folha ao cair no chão,
E mais suave do que o barulho do cair
Em pensamento. E a orquestra continua.

Auf Deutsch:

Dieses Klopfen ist sanfter als
das Geräusch des Fallens der Blätter auf den Boden.
Und sanfter als das Geräusch des Fallens
in Gedanken. Und das Orchester fährt fort.

Ich muss einfach das Lob, das ich bei dem Vorwort des ersten Buches, „Traum, der geträumt wurde und in Erfüllung gegangen ist“ ausgesprochen habe, wiederholen: Adauto bezeugt mit diesem Werk ein weiteres Mal die Weisheit der Geisteswissenschaftlichen Akademie von Biguaçu, die ihn zu einem ihrer Akademiker gemacht zu hat!

Noch ein wunderschönes Buch, Adauto! Glückwunsch!

Von: Geisteswissenschaftliche Akademie von Desterro;
Geisteswissenschaftliche Akademie von Palhoça;
Geisteswissenschaftliche Akademie von Biguaçu.

Dr. César Luiz Pasold

PÓS-PREFÁCIO

Novamente o escritor Adauto Beckhäuser, surpreendeu os amigos com o lançamento de "AUTO DA IMIGRAÇÃO ALEMÃ, onde através de belas poesias, fez o resgate histórico da trajetória da Família Beckhäuser, e das atividades dos colonos alemãs, que enfrentaram com tenacidade e sacrifícios os obstáculos encontrados em terras catarinenses, inclusive os temidos "Maragatos".

Através dos versos, mantém conversação com Johann Karl Beckhäuser, com Frei Alberto, com a comunidade de São Martinho e outras.

Adauto faz reviver fatos históricos do passado, que não foram sonhos, e sim realidade vividas pelos imigrantes alemães.

O silêncio, o tesouro perdido, a vida familiar, a insegurança, os saques, as florestas e os rios, enfim, tudo aquilo que fez parte da Família Beckhäuser no sul do Brasil, estão nesta obra escrita com a qualidade poética do escritor.

Aceite os parabéns, que continue sempre assim, exercitando suas potencialidades de escritor e de poeta.

Joaquim Gonçalves dos Santos
Historiador

Erneut hat der Schriftsteller Adauto Beckhäuser die Freunde mit der Veröffentlichung des „Protokolls der Deutschen Einwanderung" überrascht, worin er durch schöne Gedichte die historische Laufbahn der Familie Beckhäuser aufzeigt sowie die Aktivitäten der deutschen Siedler, die mit Zähigkeit und Opfern die Hindernisse gemeistert haben, denen sie in Santa Catarina begegnet sind, Inklusive die gefürchteten Maragatos.

Durch die Verse erhält er die Unterhaltung mit Johann Karl Beckhäuser, mit Bruder Alberto, mit der Gemeinde São Martinho und anderen aufrecht.

Adauto lässt historische Fakten der Vergangenheit, die keine Träume waren, sondern Realität, die von den Familien der deutschen Siedler gelebt wurden, wieder aufleben.

Das Schweigen, der verlorene Schatz, das familiäre Leben, die Unsicherheit, die Plünderungen, die Wälder und Flüssen, also alles, was Teil der Familie Beckhäuser im Süden Brasiliens war, ist hier in diesem geschriebenen Werk mit der poetischen Qualität des Schreibers inbegriffen.

Meine Glückwünschen, dass du stets so fortfährst, deine Leistungsfähigkeiten als Schriftsteller und als Poet ausübend.

Joaquim Gonçalves dos Santos
Historiker

AUTO DA IMIGRAÇÃO ALEMÃ

O SONHO A VAGAR

O nada de um sonho, ao vagar
Pelas ruas e praça em busca de
Uma solução para amenizar
A falta de tudo e tudo mesmo.

Procuro. Procuro e neste procurar,
Nada encontro só pensamentos
Revoltos pela força do vento.
E paro num banco da praça.

O navegar nas ondas dos pensamentos
Fico a deriva sem saber o rumo
A ser seguido. E neste balançar
Nas ondas fico e fico.

Neste ficar nas ondas revoltas,
Pensamentos vão e pensamentos vem.
Neste vagar pelas ondas
Procuro a melhor onda.

E onda maior se escapa
E mais uma de menor intensidade
Passa e não consigo surfar.
E fico no remanso das ondas.

Neste remanso das ondas revoltas
Aguardo num balanço de lá e para cá
Levado pelo vento ao encontro
de uma onda suave e tranquila.

PROTOKOLL DER DEUTSCHEN EINWANDERUNG

Der umherirrende Traum,
das Nichts eines Traumes,
durch die Straßen irrend,
auf der Suche nach eine Lösung
um den Mangel an allem zu mäßigen.

Ich suche. Ich suche, und beim Suchen
finde ich nichts außer Gedanken,
die von der Kraft des Windes aufgewühlt sind,
und ich verharre auf einer Bank des Platzes.

Beim Segeln in den Gedankenwellen
bleibe ich in der Abdrift, ohne das Ziel zu kennen,
dem ich folge. Und in diesem Schaukeln
in den Wellen bleibe und bleibe ich.

Bei diesem Bleiben in den aufgewühlten Wellen
kommen Gedanken und gehen Gedanken.
Beim diesem Treiben auf den Wellen
suche ich die beste Welle.

Und die größte Welle entrinnt,
und noch eine geringerer Heftigkeit
geht vorbei und ich kann nicht surfen.
So bleibe ich in den zurückgebliebenen Wellen.

In den Überbleibsel der aufgewühlten Wellen
warte ich bei dem Hin und Herschlingern,
vom Wind mitgenommen, auf das Treffen
einer sanften und ruhigen Welle.

PRAÇA DE BIRKENFELD

Praça, Praça de Birkenfeld passo o
Olho para o nada e nada ao fundo vejo.
Este olhar ao nada o estendo ao longe,
Vejo matas, vejo o mar, gaivotas.

E volto olhar em torno desta bela praça,
Vejo pessoas pensativas, outras alegres.
Vejo olhares que se cruzam e casais de namorados.
Vejo arvores e pássaros e flores.

Olho pensativo e querendo descobrir
No nada algo que possa ainda ver
Um pouco nublado este olhar no sonho
Ao longe bem ao longe sem nada ver.

Nada. No nada mesmo.
Num vulto com veste longa,
Aparece uma figura, desgastada no tempo
E some na névoa escura.

Nevoa escura e sombria,
Levas a figura de sonhos
E novamente a vejo trazida pelo vento
Estendendo os olhares para o nada.

Porque no nada ficas.
Se do nada precisa construir
Um mundo novo de ideias e sonhos,
Sem ódio, se rancor e imperando o amor.

E passo a ver pessoas se abraçando,
Vejo jovens se beijando para no amor vida construir.
Vejo pessoas que passam
E passam como se a praça não existisse.

Pessoas que vão e voltam,
Voltam e vão num caminhar no nada.
E o nada passa no tempo,
Tempo passa, passa nas pessoas.

Triste, mais triste é passar o sonho
E não ver as flores, as árvores, pessoas
Um mundo a volta de harmonia,
E volta o olhar o sonho e o nada no nada.

E o olhar ao passado não volta,
Não volta, só à lembrança,
Lembrança de um sonho que passou.
O sonho ficou pregado na parede da lembrança.

Então,fico no sonho de um sonho que passou,
E no balanço do vento volto para casa.
A lembrança voa como se pluma fosse,
A beijar o passado tão distante, que passou,
Passou e não volta mais...

Cidade de Birkenfeld, Alemanha

BIRKENFELDS PLATZ

Platz, Birkenfelds Platz, ich schaue
ins Leere und sehe nichts in der Tiefe.
Und diesen Blick ins Leere ziehe ich in die Länge.
Ich sehe Wälder, sehe das Meer und Möven.

Und ich sehe mich noch einmal auf diesem schönen Platz um.
Ich sehe nachdenkliche Menschen, andere Glückliche.
Ich sehe Blicke, die ausgetauscht werden und Liebespaare.
Ich sehe Bäume, Vögel und Blumen.

Ich blicke nachdenklich und möchte im Leeren etwas entdecken, was ich noch sehen könnte.
Er ist etwas düster dieser Blick im Traum,
weit, ganz weit ohne etwas zu sehen.

Nichts. Wirklich in dem Nichts.
In einer Gestalt mit langem Gewand
erscheint eine von der Zeit abgenutzte Figur
und kommt zu dem dunkeln Nebel hinzu.

Dunkler und schattiger Nebel,
entführst du die Gestalt der Träume.
Und wieder sehe ich sie, vom Wind mitgebracht,
die Blicke ins Leere ausdehnend.

Warum bleibst du in dem Nichts,
wenn man aus dem nichts
eine neue Welt voller Ideen und Träume aufbauen muss,
ohne Hass, wenn Groll die Liebe beherrscht.

Ich sehe Leute, die sich umarmen.
Ich sehe junge Leute, die sich küssen, um in der Liebe ein Leben zu bauen.
Ich sehe Leute, die vorbeigehen
und sie gehen vorüber, als ob der Platz nicht existiere.

Leute die gehen und zurückkehren,
zurückkehren und gehen im einem sinnlosen Wandern.
Und das Nicht vergeht in der Zeit.
Die Zeit vergeht, geht an den Menschen vorbei.

Traurig, noch trauriger ist es, den Traum gehen zu lassen,
und nicht die Blumen, die Bäume und die Menschen zu sehen,
eine Welt der Harmonie ringsum,
und wieder den Traum und das Nichts im Nichts anzuschauen.

Und der Blick in der Vergangenheit kommt nicht zurück.
Er kehrt nicht zurück, nur in der Erinnerung.
Erinnerung an einen Traum, der vergangen ist. Der Traum
blieb in der Erinnerung festgehalten.

Also, ich bleibe im Traum eines Traumes, der vergangen ist,
und im Schaukeln des Windes kehre ich zurück nach Hause.
Die Erinnerung fliegt, als wäre sie eine Feder,
die die entlegene Vergangenheit küsst,
die vergangen ist und nicht mehr zurückkehrt.

SILÊNCIO DA NOITE

Em casa passo a olhar a esposa
Elizabeth grávida e as duas filhas.
Filhas pequenas a me olharem
Pois, sentem a angústia do momento.

Olho a mesa pouca coisa,antes mesa farta,
Agora nem um pouco na dispensa.
E vê as filhas baterem no prato
E nada mesmo a oferecer.

Saio da mesa e me recolho.
Nada, o único alimento foi
O sorriso da esposa
Como forma de me dar força.

Silêncio. Silêncio silenciando na noite.
Navegando nas ondas do azul da noite estrelada.
E no navegar sinto flutuar em lembranças,
Lembranças estas trazidas pelo pensamento.

Pensamentos povoam pensamentos,
Pregados nos muros das lembranças.
Neste balançar de pensamentos
Fogem e fogem no simples sopro de vento.

Silêncio, silenciando na noite

Busco e busco encontrar
Pensamentos, e sinto o ar
A impulsionar como se pluma fosse,
A flutuar de um lado para outro.

As flores beijam o chão por onde passo e suavisam o meu caminhar.

Neste flutuar por sobre as copas das árvores
Sinto o seu balançar.
Árvores estas dançando, dançando
Como se bailarinas fossem.

Nada. E nada povoa meus pensamentos.
E o ar frio da noite navega pelo corpo,
Enxugando o suor que do rosto escorria.
E o flutuar continua, continuando sem parar.

E neste encontro com a natureza
O corpo flutuando agora pelas relvas,
E lentamente passo a caminhar
Num caminhar suavizado pelas as folhas caídas.

E o vento da noite balança,
Balança as flores, flores estas
Que quando no chão caem,
Beijam o chão por onde passo.

O caminhar, por entre folhas e flores,
Que um dia o vento lá jogou,
Suavizando o navegar nas ondas do pensamento,
Para navegar na sinfonia do silencio.

Pensamentos vão, pensamentos vêm,
Neste balançar nas ondas dos pensamentos
Alguns se perdem, impulsionados pelo vento,
Outros surgindo ao longe do Nada.

DAS SCHWEIGEN DER NACHT

Zu Hause fange ich an, die schwangere Ehefrau Elisabeth und an die zwei Töchter anzuschauen.
Kleine Töchter, die mich anschauen,
weil sie das momentane Angstgefühl haben.

Ich schaue den Leeren Tisch an, die früher einmal reich gedeckt war,
jetzt nicht einmal ein wenig in der Vorratskammer.
Und ich sehe die Töchter am Teller trommeln,
und habe nichts anzubieten.

Ich verlasse den Tisch und ziehe mich zurück.
Nichts, die einzige Speise
war das Lächeln der Ehefrau,
als Art und Weise, mir Mut zu geben.

Schweigen, Schweigen bringt auch die Stille in der Nacht.
Segeln in dem Blau der Welle der vom Gestirn funkelnden Nacht .
Und beim Segeln fühle ich das Schweben in Erinnerungen,
Erinnerungen, die von den Gedanken gebracht wurden.

Gedanken besiedeln Gedanken,
festgehalten in den Mauern der Erinnerungen.
In diesem Schweben von Gedanken
Fliehen und fliegen sie im einfachen Wehen des Windes.

Ich versuche immer wieder,
Gedanken zu finden, und ich fühle die Luft
Antreiben, als wäre man eine Feder,
die hin- und her schwebt.

Und bei diesem Schweben über den Baumkronen
fühle ich sein Schaukeln,
diese Bäume tanzend und tanzend,
als ob sie Ballerinas wären.

Nichts. Nichts besiedelt meine Gedanken.
Und die kalte Luft der Nacht dringt durch den Körper,
den Schweiβ trocknend, der aus dem Angesicht auslieft.
Und das Schweben setzt sich fort, geht weiter ohne anzuhalten.

Und bei dieser Begegnung mit der Natur
schwebt der Körper jetzt auf den Rasenflächen.
Langsam fange ich an zu laufen,
ein Laufen, gemildert durch die gefallenen Blätter.

Und der Wind der Nacht schaukelt,
schaukelt die Blumen, Blumen, die,
wenn sie auf den Boden fallen,
den Boden küssen, wo ich vorbeigehe.

Das Laufen durch Blätter und Blumen,
die der Wind eines Tages dorthin geworfen hat,
besänftigt das Segeln in den Wellen des Denkens,
um in der Symphonie des Schweigens zu segeln.

Gedanken gehen, Gedanken kommen,
in diesem Schaukeln in der Wellen der Gedanken.
Einige gehen, durch den Wind angetrieben, verloren,
anderen tauchen in der Ferne aus dem Nichts auf.

JOHANN KARL BECKHAUSER E ADAUTO

Sabes Adauto, não tens a resposta
Do que me levou a sair do meu país,
Alemanha, partir, partir, e
Partindo para o Brasil.

Num belo dia, isto pela manhã,
Olhei ao lado, vi minha esposa
E minhas duas filhas famintas.
Sai muito triste.

Que homem é este,
Que não leva o alimento para casa.
Angustia. Angustia de colocar na mesa
O pão e não poder.

Volto e olho por todos os lados.
Da pequena praça vejo um cartaz
De propaganda do Brasil,
Oferecendo uma serie de vantagens.

Vi na propaganda a palavra Brasil,
Moro em Birkenfeld,
E o meu sobrenome Beckhäuser
Olha três "B", Brasil, Birkenfeld, Beckhäuser.

Mera coincidência ou era o caminho
Para não haver dúvida,
De que o Brasil seria o lugar
Para meus filhos criar.

Adauto Beckhäuser

Tenho a certeza de que até hoje
Nenhum Beckhäuser, meu
Descendente, foi morar
Na terra donde partí.

Aqui fiquei, nunca voltei,
E um dia lá voltarei para rever os meus
Bons companheiros, e rever o meu velho pai,
De que Deus do céu há muito tempo já levou.

JOHANN BECKHAUSER UND ADAUTO

Weißt Du Adauto, hast Du nicht die Antwort
auf die Frage, was mich dazu gebracht hat,
mein Land, Deutschland, zu verlassen
und nach Brasilien zu reisen.

Eines schönen Tages, und zwar am Morgen,
habe ich zur Seite geschaut und habe meine Frau und meine zwei hungrigen Töchter gesehen.
Ich ging sehr traurig aus.

Was ist das für ein Mann,
der nicht das Brot nach Hause bringt?
Herzbeklemmung. Eine Qual, weil ich das Brot auf den Tisch bringen will, und kann es nicht.

Ich drehe mich um und schaue überall hin.
Auf dem kleinen Platz aus sah ich ein
Werbeplakat über Brasilien,
das jede Menge Vorteile anbietet.

Ich sah in der Werbung das Wort Brasilien.
Ich wohne in Birkenfeld,
und mein Nachname ist Beckhäuser.
Sieh Mal die drei „Bs": Brasilien, Birkenfeld und Beckhäuser.

Reiner Zufall, oder war es der Weg,
um keinen Zweifel zu haben,
dass Brasilien der Ort wäre,
um meine Kinder Großzuziehen.

Ich bin sicher, dass bis Heute
Kein Beckhäuser, mein
Nachkomme, in das Land, das ich verlassen habe,
gegangen ist, um dort zu leben.

Ich blieb hier, kehrte nie zurück.
Eines Tages werde ich hingehen, um meine
gute Freunde wiederzusehen, meinen
alten Vater wiedersehen,
den Vater, den der Gott schon vor langem
zu sich genommen hat.

ENIGMA DO FREI ALBERTO BECKHÄUSER

Olha Adauto, sabes onde estou?
Não estou, mas ainda continuo
A abrir o caminho, e o enigma
Do Frei Alberto continua.

Não estou mais entre vocês.
E cada vez que olhares
Para o outro lado do caminho,
Lá estarei.

Sabes Adauto!
Basta olhar as árvores com as folhas
Se mexendo do outro lado do caminho.
Sou eu que lá estarei sempre.

Que lindo o trabalho de Dulcinéia, tua esposa,
Retratando o caminho,
Caminho este onde me encontro.
E estarei sempre lá em vigília.

Não medirei esforços em
Ajudar aquele que precisar,
E aquele que necessitar
De mais força no seu caminhar.

Foto de Frei Alberto Beckhäuser da cidade Birkenfeld.

DAS RÄTSEL DES BRUDERS ALBERTOS

Schau mal Adauto. Weißt du, wo ich bin?
Ich halte mich nicht auf, aber noch fahre ich fort,
den Weg zu öffnen, und das Rätsel
des Bruders Albertos lebt fort.

Ich bin nicht mehr unter euch.
Und jedes Mal, wenn du zur anderen Seite des Weges schaust,
werde ich da sei.

Weißt du Adauto,
es genug, die Bäumen mit den Blätter,
die sich auf der anderen Seite des Weges bewegen, zu betrachten.
Ich bin es, der immer dort sein wird.

Wie schön, die Arbeit von Dulcineia, deiner Frau,
die den Weg schildert,
den Weg, wo ich mich befinde.
Ich werde stets dort sein, wachsam.

Ich werde keine Mühe scheuen, um demjenigen, der Hilfe braucht, zu helfen,
und demjenigen, der mehr Kraft beim
Gehen benötigt.

DA SINFONIA DO SILÊNCIO

Nada e nada escuto.
Neste procurar de som
Encontro a sinfonia do silêncio.
Que sinfonia.

No som que vem das águas,
No som que vem da relva,
No som que vem das árvores,
No som do pensamento.

Balança o vento.
No balançar das ondas no vento
Embarco e navego,
Navego na orquestra da natureza.

Que encontro.
Sinto o pulsar em minhas veias,
Sangue este a correr pelo corpo
E bater tão suave quanto à gota do orvalho ao cair.

Este bater é mais suave do que
O bater da folha ao cair no chão,
E mais suave do que o barulho do cair
Em pensamento. E a orquestra continua.

O Caminho, da artista plástica Dulcinéia Francisca Beckhäuser.

DIE SYMPHONIE DES SCHWEIGENS

Nichts, nichts höre ich.
Auf dieser Suche nach Klang
finde ich die Symphonie des Schweigens.
Was für eine Symphonie!

In dem Klang, der aus den Gewässer kommt ,
in dem Klang, der aus dem Rasen kommt,
in dem Klang, der aus den Bäumen kommt,
in dem Klang des Gedankens.

Das Schaukeln des Windes.
In dem Schaukeln der Wellen im Wind
gehe ich an Bord und segle.
Ich segele in dem Orchester der Natur.

Was finde ich?
Ich fühle das Pulsieren in meinen Adern.
Dieses Blut, wie es durch den Körper fließt
und so sanft pocht wie ein Tautropfen,
der herunterfällt.

Dieses Klopfen ist sanfter als
das Geräusch des Fallens der Blätter auf den Boden.
Und sanfter als das Geräusch des Fallens
in Gedanken. Und das Orchester fährt fort.

PROFISSÃO

Agora, no Brasil de profissão
De lapidador de pedras preciosas,
Procura nas entranhas das terras brasileiras
O que em Bierkenfeld não encontrou.

A agricultura não era o seu forte.
O trato com os animais e nem mesmo
O plantio de hortas,
Somente a busca de pedras preciosas.

Em casa pouco ficava.
Procurava em todos os lugares.
Isto levou a se ausentar por meses
E por anos do aconchego familiar.

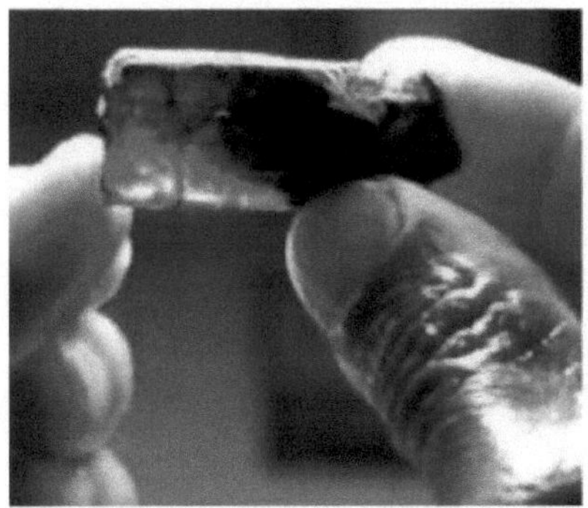

Johann Karl Beckhäuser era lapidador.

BERUF

Jetzt in Brasilien ist er von Beruf
Edelsteingräber.
Er such in Innern der brasilianischen Erde,
was er in Birkenfeld nicht gefunden hat.

Der Ackerbau war nicht seine Stärke;
weder der Umgang mit den Tieren,
noch die Anpflanzung von Gemüsegarten,
nur die Suche nach Edelsteinen.

Zu Hause blieb er wenig.
Er suchte überall.
Das ergag, dass er monatelang fort war
und jahrelang entfernt von der familiären Gemütlichkeit.

A BUSCA DO TESOURO PERDIDO

O som da orquestra cessa,
E vozes bem ao longe e muito longe.
Longe mesmo se misturando ao barulho
Do cair das águas na cachoeira.

O som das vozes agora se mistura ao
Som das águas, à medida que se aproxima
Do local da bela cachoeira,
Cachoeira com pequenas quedas.

E o local envolto com a neblina
Que emerge das águas.
E pessoas falam e falam,
Indicando o local para a busca.

Sim, jóias e mais jóias,
Lançadas no fundo da cachoeira,
Em lugar onde a correnteza
Jamais as levaria.

Passados mais de cem anos
E a busca continua.
Sem, jamais encontrar
Uma única jóia lançada na cachoeira.

Quando por lá passares,
Sentirás que o cofre do tempo
Nunca será aberto e ninguém
Terá a felicidade de encontrar.

Passados cem anos e a busca continua. Sem, jamais encontrar uma única jóia lançada na cachoeira.

DIE SUCHE NACH DEM VERLORENEN SCHATZ

Der Klang des Orchesters hört auf,
und Stimmen weither, ganz weit,
wirklich sehr weit, vermischen sich mit dem
Geräusch des Fallens des Wassers in dem Wasserfall.

Der Klang der Stimmen vermischt sich jetzt
mit dem Geräusch des Wassers
in dem Maße, wie er sich dem Ort des schönen Wasserfalles nähert,
dem Wasserfall mit kleinen Fällen.

Und der Ort, von Nebeln umgeben,
der aus dem Wasser auftaucht.
Und Leute sprechen und reden,
die Stelle zeigend für die Suche.

Ja, Schmuckstücke und noch mehr Kleinode,
in die Tiefe des Wasserfalles geworfen,
an eine Stelle, wo die Strömung
sie niemals wegschwemmen würde.

Hundert Jahre sind vergangen
und die Suche gehr weiter,
ohne je ein einziges Schmuckstück zu finden,
das in den Wasserfall geworfen wurde.

Wenn Du dort vorübergehst,
wirst du fühlen, dass der Geldschrank der Zeit
nie geöffnet werden wird,
und niemand die Freude haben wird, ihn zu finden.

A VIDA DAS FAMÍLIAS

Passo a surfar nas ondas das marés dos pensamentos,
Lembranças estas pregadas na memória
Das encostas dos Morros de São Martinho,
Onde tento abrir a janela do passado.

Passado não tão distante.
A família vivia em paz,
Num trabalho diário, na lida para o sustento
Dos filhos, primando por uma boa educação.

Cedo lá estava toda a família no trato
Com os animais e ordenha das vacas,
Sendo o leite convertido em queijo, manteiga, nata.
E tudo era vendido naquela região de Tubarão e Laguna.

Alimentação saudável vindo da roça,
Feita pela família. A mesa era farta.
Pão de milho, rosca, queijo, manteiga,
A mesa nada se falava em problemas.

A família vivia em paz no trabalho diário na lida para o sustento.

Os pais tinham sempre o lugar especial.
Seguindo dos filhos mais velhos, e
Após os mais novos.
E os filhos menores eram levados
Para a roça e lá permaneciam próximo à mãe.

Sempre aos domingos iam para missa,
Era o momento de colocar as noticias
Em dia com todos da comunidade.
E era o momento de os jovens namorarem.

DAS LEBEN DER FAMILIEN

Ich fange an, auf den Gedankenwellen der Meeresgezeiten zu surfen.
Erinnerungen sind im Gedächtnis der Berghänge
von São Martinho eingeprägt, wo ich das
Fenster der Vergangenheit zu öffnen versuche.

Eine nicht allzu entfernte Vergangenheit.
Die Familien lebte in Frieden,
in täglicher Arbeit im kampf um den
Unterhalt der Kinder und dabei einer
guten Erziehung den Vorrang gebend.

Früh war die ganze Familie
mit dem Umgang mit den Tieren und dem Melken der Kühe beschäftigt.
Aus der Milch wurde Käse, Butter und Rahm gewonnen,
und alles wurde in jener Region von Tubarão und Laguna verkauft.

Gesunde Ernährung kam vom Feld,
von der Familie geschafft. Der Tisch war reich gedeckt.
Maisbrot, Kringel, Käse, Butter.
Am Tisch sprach man nicht über Probleme.

Die Eltern hatten immer einen besonderen Platz.
Dann kamen die älteren Kinder
und danach die jüngeren.
Die kleine Kinder wurden mit aufs Feld genommen,
und dort blieben sie in der nähe der Mutter.

Sonntags gingen wir alle immer zur Messe,
das war die Zeit, die Neuigkeiten
mit allen der Gemeinde auszutauschen.
Es war die Zeit der Jugend zum flirten.

SALTO DO RIO SETE

Em 1872 chegou o fim
De uma angustia dos
Emigrantes alemães,
Em continuar a sobreviver.

Terras e terras não férteis,
Terras arenosas,
Terras montanhosas,
Terras não produtivas.

Porque continuar, continuando
Neste lugar que nada e nada
Produzia, senão trabalhar
E em fazer estradas.

Era a água quente que brotava da terra, aquecendo os corações.

E nada colher do que lá plantavam.
A única coisa que lá tinham
Era a água quente que brotava
Da terra, aquecendo os corações.

E além do clima ameno,
Sendo esta a única coisa
Boa que receberam,
Nas promessas do Governo Brasileiro.

Proibido de deixar a colônia
E partir. Teriam que continuar,
Continuando sem nada produzir
Para o sustento de sua família.

A situação estava insustentável.
O presidente da Província estava Irredutível
Em sua decisão. Não restou outra forma, senão
Reunir todos os emigrantes para partirem.

Saída esta quase que impossível.
Tinham que continuar, sem nenhuma
Perspectiva de vida melhor para a família.
Melhor seria não ter emigrado.

Num belo dia, as notícias
Se espalharam de que haveria
Uma reunião no Rio do Salto/Santo Amaro Imperatriz,
Sendo numa manhã de domingo.

Lá compareceram uns 5.000 emigrantes
E partiram para fundar a Alemanha do Sul.
Seria compartilhado pelos soldados
Que deixaram de servir a Coroa Portuguesa.

E tinham conhecimentos necessários,
Conhecimento e decisão firme.
E passaram a deliberar
Que lá não mais permaneceriam.

Frente esta decisão, o Presidente
Da Província permitiu que
Todos poderiam deixar
A Colônia e partir.

E o partir, partindo começou.
Uns passaram a percorrer outras regiões
E lá se estabeleceram,
E lá plantaram seus lares.

Outros foram fundar a Cidade de Brusque,
Outros foram fundar Braço do Norte,
Outros foram para a Argentina,
E outros para os Estados Unidos.

E assim, amenizou o primeiro
Levante de estrangeiros
Em terras brasileiras,
Amenizando o clima na região.

E passados 150 anos, estas
Colônias estão como lá deixaram.
Não houve melhora em nada.
E nada de novo lá aconteceu.

Se um dia por lá passares,
Verás um pequeno monumento
E uma velha cruz e um cemitério.
Daqui partiram os bravos colonos alemães.

Tudo abandonado, abandonado
E esquecido no tempo.
E deixando um pequeno
Rastro de tristeza e angustia.

Lembranças e lembranças agora,
Pregadas em morros e matas.
E o pó das estradas quando
Levadas pelo vento desnudam a estrada.

E passo a ver as cercas,
As velhas casas caídas pelo tempo
E pequenas propriedades
Abandonadas, abandonadas.

O quão foi difícil fazê-las
E ainda hoje, lá estão.
Da mesma maneira que foram
Feitas em 1870.

WASSERFALL DES RIO SETE

1872 kam das Ende
einer Angst
der deutschen Auswanderer,
Ihr Versuch weiterhin zu überleben.

Erde, viel unfruchtbarer Boden,
sandiger Boden,
bergiges Land,
unproduktiver Boden.

Warum fortfahren,
weitermachen an solch einem Ort, der nichts
gar nichts hervorbrachte.
Es blieb sonst nur zu arbeiten und Straßen zu bauen.

Und nichts zu ernten von dem, was man dort pflanzte.
Das einzige, was man dort hatte,
war die heißen Quellen, die aus der Erde
hervorquollen und die Herzen aufwärmte.

Und außer dem milden Klima
war dies die einzige gute Sache,
die sie von den Versprechungen
der brasilianischen Regierung bekamen.

Es war verboten, die Siedlung zu verlassen
und abzureisen. Sie mussten weitermachen,
weitermachen ohne etwas zu produzieren
für den Unterhalt ihrer Familie.

Die Situation war unhaltbar.
Der Präsident der Provinz war unbeugsam
in seiner Entscheidung.
Es blieb nichts anderes übrig, als
alle Siedler zu versammeln, um aufzubrechen.

Ein Aufbruch ist fast unmöglicher.
Sie mussten fortfahren ohne irgendeine
bessere Lebensperspektive für die Familie.
Besser wäre es gewesen, wenn man nicht ausgewandert wäre.

Eines Tages verbreitete man die Nachrichten,
dass in Rio Salto/Santo Amaro da Imperatriz eine Versammlung stattfinden wurde,
Diese fand an einem Sonntag Morgen statt.

Dort erschienen circa 5.000 Siedler
und sie gingen fort um das Deutschland des Südens zu gründen.
Dies wurde von den Soldaten, die der portugiesischen Krone nicht mehr dienten, befürwortet.

Sie hatten die notwendigen Kenntnisse,
Kenntnisse und trafen eine endgültige Entscheidung.
und beschlossen,dass sie dort
nicht mehr bleiben würden.

Gegenüber dieser Entscheidung
hat der Präsident der Provinz erlaubt,
dass alle die Siedlung zu verlassen
und abreisen durften.

So begann die Abreise.
Einige haben begonnen, andere Gebieten zu durchforschen
und haben dort fußgefast
und haben dort ihr Heim gegründet.

Andere sind fortgegangen, um die Stadt Brusque zu gründen.
Andere haben Braço do Norte gegründet.
Andere sind nach Argentinien gegangen
und andere sind in die Vereinigten Staaten.

Und so hat sich der erste
Aufbruch der Ausländer
auf brasilianischen Böden beruhigt.
indem es das Klima in der Region milderte.

Nach vergangenen 150 Jahre sind diese Siedlungen genauso wie man sie dort verlassen hat.
Es gab nirgendswo Verbesserungen,
und nichts Neues ist dort geschehen.

Wenn du eines Tages dort hinkommst,
wirst du ein kleines Denkmal sehen,
ein altes Kreuz und ein Friedhof.
Von hieraus sind die tapferen deutschen Siedler fortgegangen.

Alles verlassen, verlassen
und im Laufe der Zeit vergessen.
Und eine kleine Spur vonTraurigkeit Beklemmung hinterlassend.

Erinnerungen und Erinnerungen,
jetzt verkündet in den Bergen und Wäldern.
Und der Staub der Straen, wenn der
Wind ihn fortweht, entblößt die Straße.

Und ich fange an, die Zäune zu sehen,
die alten Häuser, zerfallen während der Zeit,
und kleine Eigentümer
verlassen, verlassen.

Wie schwer war es, sie zu bauen.
Und Heute noch sind sie dort,
genauso, wie sie 1870
gebaut wurden.

SÃO MARTINHO

Neste voar constante pelo passado,
Passo a voar. E voando sem parar
Chego perto da região onde
Os bravos colonos se instalaram.

A vida do dia a dia era calma,
Calma às vezes demais.
Tudo prosperava.
E a produção era levada para Laguna.

Colonos em uma colônia rica e próspera.
E a produção levada até Armazém.
E de lá de canoa para Laguna,
Onde eram vendidas e trocadas por mercadorias.

Laguna era o porto seguro
Para a venda de todos os
Produtos vindos de
Toda a região de São Martinho.

Lá traziam tecidos de roupas,
Café, açúcar, sal e outras mercadorias
Para o dia da família dos colonos,
Suprindo assim as suas necessidades.

Os bravos colonos se instalaram em uma colônia rica e próspera.

SÃO MARTINHO

In diesem ständigen Flug durch die Vergangenheit
fange ich an zu fliegen, und rastlos fliegend nähere ich mich dem Gebiet ,wo
die tapferen Kolonisten sich niedergelassen haben.

Das tägliche Leben war ruhig,
manchmal zu ruhig.
Alles gedieh.
Und die Ernte wurde nach Laguna gebracht.

Siedler in einer reichen und blühenden Siedlung.
Und die Ernte wurde bis zum Lager gebracht
und von dort mit dem Boot nach Laguna,
wo sie verkauft und gegen Waren getauscht wurden.

Laguna war der sicherer Hafen
für den Verkauf aller Produkten, die
aus dem gesamten Gebiet
von São Martinhos kamen.

Von dort brachten sie Stoffe,
Kaffee, Zucker, Salz und anderen Waren
für den täglichen Bedarf der Siedlerfamilien mit,
so ihre Bedürfnisse befriedigend.

1892 COLONOS SAQUEADOS

Ventos e ventos que sopravam
Não eram os mesmos de antes.
Nublavam as mentes e deixavam
Os bravos emigrantes tensos.

Cada dia novas notícias de saques,
Saques as residências.
Retiravam jóias e todos os pertences
De valor dos nobres colonos.

Lágrimas e lágrimas corriam
Juntos com suor nos rostos,
Misturados aos olhares tristes,
Vendo fugir do controle a tranqüilidade.

Terras e recantos tranqüilos
Não existiam mais.
Mentes serenas e sonhos
Levados pelo vento.

Buscavam no nada algo
Que não sabiam o quê.
E o vento não trazia
De volta o sonho e mentes serenas.

Que lugar. Triste e triste mesmo,
Em pensar neste lugar que um
Dia sonhou para criar
Seus filhos.

Cada dia novas notícias de saques. Lágrimas e lágrimas corriam misturados aos olhares tristes.

1892 AUSGEPLÜNDERTE SIEDLER

Winde und Winde, die bliesen
waren nicht die gleichen wie früher.
Sie verdüsterten die Gemüter und machten
die tüchtigen Siedler angespannt.

Jeden Tag kamen neue Nachrichten über Plünderungen ,
Plünderungen der Wohnhäuser.
Sie stahlen Schmuck und alles wertvolle Hab und Gut
der ehrbaren Siedler.

Tränen und Tränen flossen
zusammen mit dem Schweiß des Angesichts,
vermischt mit den traurigen Blicken,
indem man die Kontrolle über die Ruhe
entschwinden sah.

Orte und ruhige Winkel
gab es nicht mehr.
Heitere Gemüter und Träume
mit dem Wind verschwunden.

Sie suchten in dem Nichts etwas,
von dem sie nicht wussten, was es war.
Und der Wind brachte nicht die
Träumen und die heiteren Gemüter zurück.

Was für ein Ort. Traurig, wirklich traurig,
wenn man daran denkt,
dass man davon geträumt hat,
eines Tages seine Kinder an diesem Ort großzuziehen.

BENS ADQUIRIDOS PELO SUOR

Saques e mais saques.
Isto revoltava e agitava a vida
Dos bravos colonos alemães
Que viviam na região de São Martinho.

Cada dia que passava, um
Turbilhão de notícias
Agitava muito a região,
Levando os colonos a agir.

Guerra foi declarada a cidade de
Tubarão, onde os saqueadores
Lá residiam e nada davam
Em troca para a população.

Estes saqueadores apelidados de Maragatos
Levavam a insegurança a toda a região.
Saqueavam as propriedades nas colônias de alemães,
considerados inimigos mortais.

Aspectos da Avenida Francisco Beckhäuser, centro de São Martinho-SC

Cada dia que passava
O clima ficava mais tenso,
Tão tenso que obrigou
Os colonos a tomar à defensiva.

Cansados de tanta crueldade
Com as famílias que tiraram da
Terra o sustento e
Não aceitavam tal conduta dos maragatos.

Num belo dia os maragatos
Partiram contra os colonos de
São Martinho e ao chegarem
Lá, encontraram o rio muito cheio.

Como não tinham como passar,
Iniciou-se uma batalha.
Os colonos em posição
De ataque no outro lado do rio.

E as mulheres dos maragatos
Com medo dos colonos,
Passaram a jogar na cachoeira
As jóias saqueadas das casas.

Saqueadores apelidados de Maragatos saqueavam as propriedades nas colônias de alemães.

DURCH SCHWEB - ERWORBENE GÜTER

Plünderungen und noch mehr Plünderungen.
Dies erregte und beunruhigte das Leben
der tüchtigen deutschen Siedler,
die in der Region von São Martinho lebten.

Jeden Tag, der verging,
beunruhigte ein Wirbel von Nachrichten
die Region sehr
und veranlasste die Siedler zum Handeln.

Es wurde der Stadt Tubarão,
wo die Plündern wohnten und
der Bevölkerung nichts als Gegenleistung gaben,
der Krieg erklärt.

Diese Plündern, Maragatos genannt,
brachten dem gesamten Gebiet die Unsicherheit
Sie plünderten die Grundbesitze
in den Kolonien der Deutschen, die als Erzfeinden betrachtet wurden.

Jeden Tag, der verging,
war das Klima angespannter.
So angespannt, dass die Kolonisten
gezwungen waren, in die Defensive zu gehen.

Erschöpft von soviel Grausamkeit
gegenüber den Familien, die ihren Lebensunterhalt aus dem Boden gewannen,
haben sie ein derartiges Verhalten der Maragatos nicht akzeptiert.

Eines Tages zogen die Maragatos
gegen die Siedler von São Martinho,
und als sie dort ankamen,
fanden sie den Fluss mit Hochwasser.

Da sie den Fluss nicht überqueren könnten,
fingen sie einen Kampf an.
Die Siedler (befanden sich) in der Angriffsposition
auf der anderen Seite des Flusses.

Und die Frauen der Maragatos
aus Angst vor den Siedlern,
fingen an die Schmuckstücke, die sie aus den Häusern
gestohlen hatten, in den Wasserfall zu werfen.

NO RIO CAPIVARI

São Martinho declara guerra a Tubarão

Quase todos foram mortos.
Um maragato se escondeu
Debaixo da saia de uma mulher,
Mas também não foi poupado.

Os que conseguiram fugir,
Conseguiram levar
Três filhos de colonos
Como reféns até Tubarão.

Neste momento São Martinho
Declara guerra a cidade de Tubarão.
E após intervenção do Pe. Roer,
Os reféns iriam ser levados para julgamento.

E um tenente foi encarregado
De levar os reféns para julgamento
Em Fpolis. Próximo a São Martinho
Foram libertados.

São Martinho declara guerra a cidade de Tubarão-SC. Quase todos os Maragatos foram mortos ao invadir São Martinho.

AM FLUSS CAPIVARI

São Martinho erklärt der Stadt Tubarão den Krieg

Fast alle wurden getötet.
Ein Maragato versteckte sich unter
dem Rock einer Frau,
aber wurde auch nicht verschont.

Denjenigen, die es schafften zu fliehen,
gelang es, als Geiseln,
drei Kinder der Siedler
bis Tubarão mitzunehmen.

In diesem Augenblick erklärt São Martinho
Der Stadt Tubarão den Krieg.
Und nach einer Intervention des Paters Roer
wurden die Geiseln zur Verurteilung mitgenommen.

Ein Leutnant wurde beauftragt,
die Geiseln zur Verurteilung
in Florianópolis zu bringen.
In der Nähe von São Martinho wurden sie befreit.

BRAÇO DO NORTE

Neste marco de Rio Salto
Há uma homenagem aos colonos
Que tiveram a coragem de sair,
E partir em busca de terras melhores.

Neste balançar de pensamentos,
Pensamentos para ali plantar
O sonho e dias melhores,
Melhores para si e família.

A região rica em belos vales,
Pastagens e pastagens
Para alimento do pequeno
Rebanho de animais.

Parte da área servia como pastagem,
Parte servia para o plantio
De feijão, batata, aipim e outros
Que serviam de sustento da família.

Nuvens e nuvens pairavam no ar.
Trazidas pelos ventos com fortes rajadas,
Rajadas que iam e vinham,
Num balançar constante.

Maragatos passaram agora
A cobrar dos colonos uma forma
De ajuda, onde cada um daria
Alguma coisa.

O acerto foi realizado
E num belo dia foram
Surpreendidos com o saque
De uma única propriedade.

Memorial no Salto do Rio Sete, região rica de belos vales e lugar propício para plantar o sonho e de dias melhores para sí e suas famílias.

E a família saqueada
Partiu para pedir ajuda
Aos outros colonos,
Para reaver os bens levados.

Felizes os maragatos,
Levando mais de 100 cabeças
De gados e toda a produção
Armazenada nos paióis.

Mal sabiam o que lhes esperavam,
Mais de 5.000 colonos
De todas as regiões,
Partiram para arrasar Tubarão.

E partiram para o ataque.
Um cerco foi feito.
Encurralados, os maragatos
Tiveram que devolver tudo.

Foram objetos de risos e
Chacotas de toda a população.
Graças a um religioso de nome
Pe. Roer, que salvou a cidade.

Igreja Matriz de Braço do Norte-SC.

Ah! Johann Karl viu.
Lugar tranqüilo para família,
Família viver em paz,
No teu sonho ficou.

Sonho, não sonhado e realizado.
A paz na região só em sonho.
Sonho e nada, e nada de novo.
Só o trabalho árduo na lida diária.

BRAÇO DO NORTE

An diesem Grenzpfahl des Rio Salto
gibt es eine Ehrung für die Siedler,
die den Mut hatten, auszureisen,
auf der Suche nach besseren Böden.

In diesem Gedankenschweben,
Gedanken, um dort den Traum
und bessere Tagen zu pflanzen,
Bessere Tage für sich und die Familie.

Eine Region an schönen Tälern,
Weiden, und Weideland
für das Futter der kleinen
Viehherde.

Ein Teil der Fläche diente als Weideland.
Ein Teil war für die Anpflanzung
von Bohnen, Kartoffeln, Maniok und anderem,
was der Ernährung der Familie diente.

Wolken und Wolken schwebten in der Luft,
mitgebracht von den starken Windböen,
Windböen, die kamen und gingen
in einem ständigen Hin- und Herschaukeln.

Die Maragatos gingen dazu über,
von den Siedlern eine Art von Hilfe
einzufordern, wobei jeder
Siedler etwas gegen sollte.

Das Abkommen wurde realisiert,
und eines schönen Tages wurden die Siedler
von der Plünderung eines
einzigen Grundbesitzes überrascht.

Und die ausgeplündert Familie
fing an, den anderen Siedler um Hilfe
zu bitten, um ihre mitgenommenen
Güter wiederzuerlangen.

Die Maragatos waren Glücklich,
denn sie hatten mehr als 100
Stück Vieh und die gesamte Ernte,
die in den Vorratsräumen war, mitgenommen.

Sie ahnten kaum, was sie erwartet.
Mehr als 5.000 Siedler aus allen Regionen,
zogen aus, um Tubarão
dem Erdboden gleichzumachen.

Und sie griffen an.
Eine Belagerung wurde gemacht.
Eingeschlossen, mussten die Maragatos
alles zurück geben.

Es war ein Anlass für Gelächter und Ärgernis
der gesamten Bevölkerung.
Dank einem Priester, namens Pater Roer,
wurde die Stadt gerettet.

Aha! Johann Karl sah.
Eine ruhige Stelle für die Familie,
wo sie in Frieden lebten könnten,
blieb in deinem Traum.

Ein Traum, nicht geträumt und nicht erfüllt.
Der Frieden in der Region, nur im Traum.
Traum und Nichts und nichts Neues.
Nur die harte Arbeit im täglichen Kampf.

O LAMENTO DO FORTE DO ANHATOMIRIM

Lembranças e lembranças,
Estas agora, pregadas nas
Ruínas do Forte. Em cada canto sinto o
Lamento e o canto de morte.

Lágrimas de sangue se misturam.
As lágrimas, lágrimas e lágrimas,
A escorrer pelo rosto estampando,
A tristeza de um último lamento.

Nem mesmo o olhar ao longe,
E nada e nada vê, senão a tristeza
De não conseguir mudar o rumo
De um ideal para si e para os seus.

Vento sopra e não consegue
Enxugar as lágrimas,
Lágrimas, talvez as últimas
A escorrer pela face.

O lamento se sente no canto
Das gaivotas e dos biguás, que cantam
Num cantar choroso. Choram e choram,
Sentem o momento triste.

Forte, o grande forte que
Muito já defendeu seus
Antepassados das invasões,
Vê cair por terra as defesas.

Nada mesmo pode o forte
Fazer para defender 300 homens
Que bravamente lutaram
Por um ideal e um mundo melhor.

O medo de morrer não estava estampado
Na face dos 300 homens,
Mas sim, o medo de ver mudado
O nome de sua cidade Desterro.

O partir, partindo para partir,
Sem nunca mais voltar.
O vento leva o sangue derramado,
Que é visto no avermelhado do sol da bela Desterro.

A praça XV de novembro
Traz estampado um busto de Floriano Peixoto,
E levou o povo desta bela Desterro
A se insurgir contra um Presidente Figueiredo.

Nada mesmo pode o forte fazer para defender 300 homens que bravamente lutaram por um ideal e um mundo melhor.

DIE KLAGE DES ANHATOMIRIM FORTS

Erinnerungen und Erinnerungen ,
diese sind jetzt an den Fortruinen
eingraviert. In jeder Ecke fühle ich
die Klage und den Todesgesang.

Bluttränen mischen sich.
Tränen, Tränen und noch Tränen,
die an Wangen hinunterlaufen, wo
die Traurigkeit der letzten Klage eingeprägt ist.

Nicht einmal der Blick in die Ferne
sieht etwas. Nichts, nur die Traurigkeit,
den Kurs eines Ideals für sich und für
die Seinen nicht ändern zu können.

Der Wind bläst und schafft es nicht,
die Tränen zu trocken,
vielleicht die letzte Tränen,
die die Wangen hinunterlaufen.

Die Klage fühlt man im Gesang
der Möven und der Olivenscharben, die ein
weinendes Lied singen. Sie weinen und weinen.
Sie fühlen den traurigen Moment.

Das Fort, das große Fort, das
seine Vorfahren gegen die
Invasionen sehr oft verteidigt hat,
sieht jetzt die Schutzmauern auf den Boden fallen.

Wirklich nichts kann das Fort tun,
um die 300 Männer zu verteidigen,
die mutig für ein Ideal und eine
bessere Welt gekämpft haben.

Die Angst zu sterben war nicht
in den Gesichtern der 300 Männer eingeprägt,
sondern die Angst, den Namen ihrer
Stadt Desterro geändert zu sehen.

Das Abreisen, das Ausbrechen, um wegzugehen,
ohne niemals zurückzukehren.
Der Wind nimmt das vergossene Blut mit,
Die man an der rötlichen Sonne der schönen
Desterro sehen kann.

Auf den Platz XV November
wurde eine Büste von Floriano
Peixoto gesetzt,
und diese brachte die Bevölkerung dieses schönen Desterro
dazu, sich gegen den Presidente Figueiredo aufzulehnen.

O JARDIM DA PRAÇA QUINZE

O lamento dos que morreram
Na ilha de Anhatomirim ecoa
Forte, e o som é sentido
Ao passar pela praça quinze.

Triste lamento. Lamento de 300 homens
Que, com coragem deram a vida
Para que a Cidade do Desterro
Fosse sempre conhecida.

Embora o ideal de um país melhor
Não tenha fluído naquela época,
Ecoa fundo nos corações
Dos descendentes dos 300 homens.

VICTOR MEIRELLES: *Vista do Desterro*, 1847.
Óleo sobre tela, 71,7 x 119,2 cm.
Santa Catarina, Acervo do Museu Victor Meirelles.

Um dia, idéias novas irão surgir.
E o lamento não foi em vão.
Os pássaros voltam a cantar,
E Cantar sem o lamento triste.

E este lamento ainda perdurará.
Até o retorno do nome original Desterro
Ou passe a se chamar Ilha de Santa Catarina.
Aí sim, tudo será mais alegre.

A janela do tempo se fechou e
As lembranças dos maragatos ficaram
Pregadas na memória dos imigrantes alemães
Que encontravam um lugar tranquilo para viverem.

JOSEPH BRÜGMANN (1825 – 1894): *Vista do Desterro*, c. 1867
Fonte: GERLACH, Gilberto. **Desterro** - Ilha de Santa Catarina. Tomo I.
Florianópolis: Cinema Nossa Senhora do Desterro, 2010, p. 305.

DER GARTEN DES PLATZES XV. NOVEMBER

Die Klage derjenigen, die
auf der Insel Anhatomirim gestorben sind,
widerhallt sehr stark, und
der Klang wird schmerzlich empfunden,
wenn man über den Platz XV. November geht.

Trauriges Klagen, Beklagen der 300 Männer,
die mutig ihr Leben opferten,
damit die Stadt Desterro
immer bekannt bleiben würde.

Obwohl das Ideal ein besseres Landes
aus jener Zeit nicht hervorging,
widerhallt es tief in den Herzen
der Nachkommen der 300 Männer.

Eines Tages werden neue Ideen entstehen,
und das Klagen war nicht umsonst.
Die Vögeln werden wieder singen
und singen ohne traurige Klage

Und dieses Klagen wird noch fortdauern
bis zu Rückkehr des ursprünglichen Namens Desterro, oder geht dazu über, sich
„Ilha de Santa Catarina"
zu nennen. Dann wird alles zufriedener sein.

Das Zeitfenster hat sich geschlossen,
und die Erinnerungen an die Maragatos bleiben
im Gedächtnis der deutschen Einwanderer haften,
die einen ruhigen Ort zum Leben gefunden haben.

Printed by Books on Demand GmbH, Norderstedt / Germany